AF388528

© 2026 Trinity*
Verlag: BoD · Books on Demand GmbH,
Überseering 33, 22297 Hamburg,
bod@bod.de
Druck: Libri Plureos GmbH,
Friedensallee 273, 22763 Hamburg
ISBN 978-3-7597-5246-8

Trinity*

Lichtvolle Momente

Welch wunderbares Wesen
entstanden durch der Liebe Hand
so gingen wir auf die Reise
in ein fernes Land

In dieser fernen Heimat
und doch so nah daheim
da konnten wir nun lernen
mit allem Eins zu sein

Wir fühlten uns im Dunkeln
und waren wie verbannt
doch in unserem Herzen
war immer der Liebe Hand

Die 21 Gedichte der Liebe

(Juli 1998)

1.

Mit reinem Herzen
kam er auf die Welt
in den Dienst am Menschen
ganz er sich gestellt

So lernte er
in schweren Stunden
dass Gut und Böse
in eins gebunden

Doch weit entfernt
der Mensch vom wahren Licht
hohe Wellen schlugen
in das sanfte Gesicht

So musste er im tosenden Meer
des Lebens sein
bis beruhigt es sich hat
vom schweren Sprung hinein

Die Wellen die er jedoch geschlagen
aus Licht und Liebe war der Schaum
wurden in die Welt getragen
bis in den neuen Morgen Traum

2.

Das spielende Kind, vom Himmel gefallen
hat den Blick für die Wahrheit verloren
mit brennendem Schmerz, in seinem Herz
wurde es jedoch auserkoren

So geht es den Weg, für den es bestimmt
weiß nicht, was das Schicksal ihm bringt
vertraut auf den Geist, der die Antwort nur weiß
von zahllosen Engeln umringt

So lernt es bedacht, was schon vorher gedacht
um zu erfüllen den göttlichen Plan
kein Mensch kann es sehen, nur die Engel verstehen
wie einsam es zieht seine Bahn

Nach sehr langer Zeit, zu allem bereit
kam es an, an den Ort der Vision
durfte schauen alsdann, was nur Göttern gelang
in das Herz, das ward auf dem Thron

Ist verbunden sogleich, mit der Ewigkeit
konnte fühlen der Menschen Herz
das spielende Kind, vom Himmel gefallen
ward erlöst nun vom brennenden Schmerz

3.
Wo bist du
meine Sonne, mein Leben
alle meine Sinne
nur zu dir hinstreben

Der tiefe Schmerz
zerreißt meine Brust
welche Trauer
welcher Verlust

Nur die Liebe
konnte uns trennen
alles andere wir
von dannen brennen

Nichts hier was meine
Pein könnte mildern
mein Herz nur voll
von deinen Bildern

Denn ich weiß
dein Bestreben
sucht nach der Sonne
dem Leben

4.
In des Vaters Haus
da wohnen die Kinder
schon von Anfang an
doch da waren sie blinder

Deshalb schickte der Vater
so klug wie er war
sie aus dem Hause
in großer Schar

Nun waren sie alleine
in der großen weiten Welt
und doch war ihr Feld
schon für immer bestellt

Sie arbeiteten hart
und viel floss der Schweiß
doch zu erwarten hatten sie
einen großen Preis

Und als fertig sie waren
und die Arbeit getan
da gingen sie Heim
in des Vaters Arm

Sie waren noch die Gleichen
und doch ist was geschehen
sie konnten nun wie der Vater
alles sehen

5.
Es gibt eine Mutter
eine sehr weise Frau
der ihr Hemd war grün
und der Rock der war blau

Voll unendlicher Güte
zu ihren Kindern sie war
doch diesen war das
überhaupt nicht klar

Sie erkannten in ihrer Jugend
nicht den Schutz den sie gab
und so lebten sie sorglos
von Tag zu Tag

Sie forderten alles
und erschöpften sie sehr
die dreckigen Kleider
sah keiner mehr

So stand sie nun da,
in ihrer Liebe Los
und wartet darauf
dass ihre Kinder bald groß

6.
Es gab zwei Wesen,
den Mensch und das Tier
die waren geschaffen
um zu leben hier

Der eine war höher
und das wussten sie auch
es war keine Schande
davon zu machen Gebrauch

Sie lebten zusammen
und dem Mensch dem war klar
dass das andere Wesen
auch aus der Liebe gebar

Je mehr Zeit jedoch
ging in das Land
umso weniger dachte
der Mensch an sein Pfand

Er behandelte das Tier
das voll Unschuld und Vertrauen
nicht mehr mit Liebe
gab der Würde keinen Raum

Betäubt von dem Schmerz
der nötig war
konnte er nicht mehr erkennen
was für Leid er gebar

So hoffen nun beide
der Mensch und das Tier
dass erwacht nun der eine
um zu achten hier

7.
Ich hatte einen Traum
und so schlief ich ein
mir träumte von einem Morgen
der ganz anders wird sein

Es war eine Welt
voll Schönheit und klar
wurde mir auf einmal
dass etwas Neues gebar

Es war wie ein Licht
das durch die Dunkelheit fährt
ein Licht welches der Seele
Schmerzen beschert

Es war von einer Reinheit
wie nie zuvor gesehen
und mir wurde klar
es würde alles geschehen

So träumte ich
und ganz still war mein Ruh`n
da erwachte ich
da war`s, ohne Tun

8.

Der Mann mit dem schwarzen Mantel
der reitet durch die Nacht
er sucht sich seine Opfer
ganz langsam und bedacht

Und hat er sie gefangen
hilft auch kein lautes Schreien
er hüllt sie mit dem Mantel
ganz behutsam ein

Da steht es nun das Opfer
allein auf weiter Flur
und kann noch nicht erkennen
dass der Mantel Liebe pur

Denn in der Hülle des Mantels
kein Blick nach außen dringt
und so die arme Seele
zum Blick nach innen zwingt

Begegnet ihr dem Mann nun
in einer dunklen Nacht
schaut ihm feste in die Augen
ein Lächeln ihr entfacht

9.
Es war einmal ein Junge
den konnte keiner verstehen
egal wo er auch hinkam
keiner konnte ihn klar sehen

So musste er im Außen
ein großer Spieler sein
doch in seinem Herzen
war er ganz für sich allein

So ging er durch das Leben
mit seiner schweren Last
immer auf der Suche
nach der erlösenden Rast

Und wenn der Tag gekommen
dass er kann klar sich sehen
dann können die im Außen
auch ihn ganz klar verstehen

10.
Es kam einmal ein Mädchen
ganz rein auf diese Welt
hatte große Liebe im Herzen
war von allen schon bestellt

Besonders ihre Mutter
liebte sie sehr
war es doch die Frau
die gebar sie hierher

Sie waren sehr glücklich
und doch war da
ein Schatten der auf
der Mutter Seele war

Der Schatten entstanden
vor sehr langer Zeit
als die Mutter ward
in des Mädchens Kleid

Das jedoch konnte
die Tochter nicht sehen
und so konnte sie
auch nicht verstehen

Dass die Liebe die ging
so rein und so klar
von der Mutter kam
und ganz anders war

So legte sich nun
nach einiger Zeit
ein Schatten auf des
Mädchens Kleid

11.
Mein Dank geht an die Kinder
die eine schwere Zeit
gestellt waren auf die Erde
zu bringen die Liebe weit

Kein Mensch konnte sie erkennen
viele Dinge mussten geschehen
und oftmals viele Tage
als Sünder sie mussten gehen

So standen sie im Schatten
gemieden waren sie
keine Liebe von außen sie hatten
trotz der Liebesmüh

Es wird die Zeit bald kommen
dass die Sonne geht ganz auf
und wirft dann ihre Strahlen
in des Lebenslauf

Dann werden diese Kinder
von allen nur verbannt
erhellt dann durch die Strahlen
die des Vaters Hand

12.
Voll Tatendrang und Sehnsucht
stürmte er aus seinem Haus
wollte die Welt erkunden
jeden Mann und jede Maus

So ging er auf die Reise
ließ alles schnell zurück
schaute nicht mehr nach hinten
suchte vorne schnell sein Glück

So lernte er nach Jahren
sehr viel von dieser Welt
war sehr stolz und konnte prahlen
was ihn alles hat erhellt

Und doch war da im Stillen
ganz leise fast im Schlaf
ein unsagbares Quillen
was im Glück gar nicht sein darf

Es wurde immer lauter
es füllte sich immer mehr auf
bis eines schönen Tages
es alles floss heraus

Als nun die große Pfütze
vor seinen Füßen klar
da erkannte er darin nun
dass er immer noch zu Hause war

13.
Die Frau das starke Wesen
Liebe ist ihre Macht
kann noch nicht erkennen
dass sie kleiner nur gemacht

So denkt sie in ihrem Schmerze
dass sie sein muss wie der Mann
zieht ihre Kleider aus
und dessen Kleider an

So geht sie nun zum Spiegel
betrachtet sich voll Stolz
muss heimlich nun erkennen
dass das nicht was sie gewollt

Der Mann der ist ganz leise
ward erhöht zu jener Zeit
fühlt nicht wohl er sich dort oben
da die Frau trägt nicht ihr Kleid

Doch wird der Tag bald kommen,
dass die Frau wird aufrecht gehen
wird sich nicht mehr schämen
sich in ihrem Kleid zu drehen

14.
Heut Nacht
warst du im Traum bei mir
mit all deiner Liebe
warst du hier

Es war wunderschön
ganz still ich war
deine Liebe auf mir
so rein und klar

Ich war die Gefangene
in deinen Armen
und doch war ich freier
als bei jedem Erbarmen

Egal was außen
herum geschah
nur wichtig, dass du
bei mir ganz nah

Dann nahmst du ein Blatt
legtest es neben mich hin
und schriebst einen Satz
in dem war alles drin

Ich hob meinen Kopf
um zu sehen darauf
wie glücklich ich war
sah ich des Stiftes Lauf

Der Satz auf dem Blatt
unendlich war
mit fester Hand schriebst du
„Bin immer da“

15.
Es war einmal ein Knabe
von allen sehr geliebt
denn er war brav und redlich
um Gehorsam nur bemüht

Er wollte keinem wehtun
das war sein oberstes Gebot
so lebte er sein Leben
von allen nur gelobt

Als alter Mann er ging nun
zum Spiegel voller Stolz
wollte das Gesicht sehen
welches gehorsam alles befolgt

Da musste er erschrecken
konnte gar nichts mehr verstehen
denn in des Spiegels Abbild
waren nur die anderen zu sehen

16.
Sehr oftmals im Leben
Dinge müssen geschehen
die in dem Augenblicke
keiner kann verstehen

Denn wenn der Schmerz sehr groß ist
viel Zeit muss gehen ins Land
bis dann erst kann die Seele
erkennen was geplant

So ist es auch wenn gehen muss
in großer Trauer ein Licht
welches einen hat begleitet
auf des Lebenspflicht

Es ging in großer Liebe
das Herz einfach voraus
zu bauen eine Brücke
zwischen hier und dem Zuhaus

17.
Du kleines Häufchen Liebe
kommst ganz nackt hier auf die Welt
wurdest sehnsuchtsvoll erwartet
von der Mutter die dich hält

Und so fängt nun für die beiden
ein ganz neues Leben an
und die Mutter ist im Hoffen
dass sie alles hier auch kann

Muss ihr ganzes altes Leben
was sie vorher hat geführt
hinter sich nun lassen
welch ein Glück sie so gerührt

Hofft ganz stark nun auf die Bande
die zwischen Mutter und Kind
sonst könnte sie nicht folgen
der schweren Liebe blind

Und so fühlt sie nah am Herzen
seit der Aufgabe Beginn
dass das Kind sie macht zur Sklavin
und zur Königin

18.
In einer armen Gegend
sprang ein Junge froh und frei
und spielte in den Straßen
die Armut ging vorbei

Sah einen alten Mann dort
sitzen auf einer Bank
sehr ärmlich er gekleidet
und auch schon ziemlich krank

Als Kind er konnte nicht sehen
dass hier Hilfe nötig war
schenkte ihm nur ein Lachen
das ganz rein und war ganz klar

Dann ging er schnell nach Hause
denn schon müde war er sehr
legte sich zum Schlafen
dachte an den Mann nicht mehr

So wurde er nun älter
nicht so glücklich er mehr war
weil machten ihm die andern
seine Armut sehr schnell klar

Da beschloss er, als er groß war
zu gehen in die Welt
wollte nie mehr arm sein
brauchte nur noch Geld

Das Glück war ihm gesonnen
und eh er sich versah
konnte er sich alles kaufen
nun war alles da

Viele Freunde er nun hatte
die Frauen liefen ihm hinterher
Erfolg er nun gepachtet
was brauchte er noch mehr

So könnte er nun leben
wenn nicht plötzlich auf einmal
wie ein Blitz aus heiterem Himmel
ein Unglück alles stahl

Die Freunde die gekommen
sehr schnell waren wieder fort
die Frau ihn hat verlassen
lebt nun am andern Ort

So saß er nun verzweifelt
auf einer alten Bank
hatte nichts mehr zu verlieren
keine Kleider mehr im Schrank

Da kam ein kleiner Junge
ganz plötzlich froh vorbei
und schenkte ihm ein Lachen
da war er wieder frei

19.
Es war einmal ein Herze
das einsam war hier sehr
das konnte nicht verstehen
der Lebens Mühe schwer

Da kam auf leichtem Wege
ein schillernd Etwas an
machte mit sanfter Geste
Spinnweben um den Arm

Sie waren gar so herrlich
streichelten sanft die Haut
es war dem armen Herze
das alles sehr vertraut

So war es nun sehr glücklich
dachte hatte einen Trumpf
und könnte nun so schweben
über dem zähen Lebens Sumpf

Da spürte es ein Ziehen
schaute runter zu dem Arm
da erkannte es zu spät nun
dass es schwere Ketten waren

20.
Einen schweren Weg auf Erden
die Seele hat zu gehen
denn sie muss hier lernen
sich lieben und verstehen

Gar oft die arme Seele
im Außen sucht ihr Glück
muss schmerzlich dann erfahren
dass sie gehen muss ganz zurück

Kein anderer kann ihr geben
was ihr allein gehört
man kann sie nur bewegen
zu verlassen was verkehrt

So sind nun ihre Helfer
sehr liebend drum bemüht
zu zeigen ihr oft schmerzhaft
dass kein anderer Liebe gibt

Sehr lange braucht die Seele
zu erkennen dieses Spiel
geht gereinigt dann nun weiter
auf dem Weg der geht zum Ziel

Gar ängstlich und sehr zögernd
macht sie den nächsten Schritt
schaut nun nicht mehr nach hinten
weiß es geht nicht mehr zurück

Am Rande stehen die Freunde
die als Feinde sie gesehen
und winken zu ihr rüber
nun konnte sie verstehen

So läuft sie immer weiter
hat Vertrauen jetzt noch mehr
ihr Schritt wird immer schneller
denn sie freut sich nun schon sehr

Ist am Ende ihres Weges
steht vor einem großen Tor
kann nun deutlich erkennen
dass sie war hier schon zuvor

Geht hindurch gleich und da war sie
ihre Liebe rein und klar
und da spürte sie auf einmal
dass sie nun zu Hause war

21.
Es war einmal in der Heimat
ein Geschwisterpaar
das wollte gern mal wissen
wie es im andern war

Zu Hause dies nicht möglich
zu tauschen ihr Gewand
drum gingen sie auf die Reise
in ein fernes Land

Hier konnten sie vergessen
das Kleid der Ewigkeit
der Plan konnte nur gelingen
wenn sie gingen in die Zeit

Auch musste was geschehen
was vorher schon war klar
sie sollten sich jetzt trennen
was ein großer Schmerz nun war

Doch war dies unvermeidlich
für das große Spiel der Welt
denn wären sie zusammen
jeder in die alte Rolle fällt

So hüllten sie in Liebe
in das Gewand des andern sich ein
um deutlich nun zu fühlen
wie der andere ist im Sein

Als schließlich war zu Ende
der große Rollentausch
nahmen sie sich an die Hände
und gingen wieder nach Haus

Seelenreinigungsgedichte

(2003-2005)
Höre mein Kind
sei wach und hör zu
die Liebe in dir
die trägt dich zur Ruh`

Kein Handeln von dir
meine Liebe geschwächt
dies alles geschieht
im Namen mit Recht

Dein Schmerz
er trägt dich näher zu mir
er hilft dir erkennen
die geöffnete Tür

Umhüllt von Liebe
bin ich immer bei dir
auch wenn du es vergessen
ich war immer hier

Du denkst im Moment
du seist nicht mein Kind
obwohl meine Hände
ganz fest um dich sind

Du schämst dich für vieles
was du hier getan
doch schäme dich nicht
und nimm einfach an

Du wirst mir nicht glauben
dein Schmerz sitzt noch tief
auch wenn ich dich heute
beim Namen hier rief

Doch da wo du bist
da musst du jetzt sein
und doch will ich dir heute sagen
du bist immer mein

*

Nur aus Liebe zu dir
bin ich jetzt so weit weg
nur aus Liebe zu dir
schmiss ich mich in den Dreck

Nur aus Liebe zu dir
fühlte ich mich allein
nur aus Liebe zu dir
drang alles tief in mich ein

Nur aus Liebe zu dir
fühlte ich mich nichts wert
nur aus Liebe zu dir
habe ich Falsches begehrt

Nur aus Liebe zu dir
ging ich allein in die Nacht
nur aus Liebe zu dir
bin ich allein aufgewacht

Nur aus Liebe zu dir
verlor ich mein eigenes Gesicht
nur aus Liebe zu dir
gab es mich nicht

Nur aus Liebe zu dir
hab ich mich völlig verloren
nur aus Liebe zu mir
hast du mich erkoren

*

Ich hab Angst vor dir
und deinem zärtlichen Blick
ich hab Angst vor dir
denn ich kann nicht mehr zurück

Ich hab Angst vor dir
weil du mich liebst wie ich bin
ich hab Angst vor dir
denn das macht keinen Sinn

Ich hab Angst vor dir
du kannst mich immer verstehen
ich hab Angst vor dir
denn ich kann nicht mehr gehen

Ich hab Angst vor dir
deine Liebe ist immer gleich
ich hab Angst vor dir
denn das macht mich so weich

Ich hab Angst vor dir
und vor deinem Mut
ich hab Angst vor dir
denn der tut mir gut

Ich hab Angst vor dir
ich will dich nie wieder sehen
ich hab Angst vor dir
doch du bleibst einfach stehen

*

Ich bin allein
auf dieser Welt
niemand da
der meine Hände hält

Niemand hier
der auch versteht was ich so sag
und der auch die gleichen Dinge
wie ich mag

Mit dem ich lache
wie es sonst keiner versteht
und der meine Worte
nicht ohne Sinn einfach verdreht

Der mich nicht ablehnt
nur weil ich ihm zu hell
und der mich zu sich zieht
ganz nah und auch noch schnell

Der keine Angst hat
auch wenn ich anders bin
ach, was hätte das Leben
wieder einen Sinn

*

Keine Macht mehr, keine Macht mehr
die Liebe hat mir alles genommen
keine Macht mehr, keine Macht mehr
bin nur noch dahin geschwommen

Keine Kraft mehr, keine Kraft mehr
kann mich nicht mehr wehren
keine Kraft mehr, keine Kraft mehr
lasse alles gewähren

Keine Chance, keine Chance
was immer ich tu`
keine Chance, keine Chance
sie lässt mich nimmer in Ruh`

Unbeschreiblich, unbeschreiblich
einfach so loyal
unbeschreiblich, unbeschreiblich
alles andere egal

*

Das Blau in deinen Augen
fließt in diesem Augenblick
in den Himmel, das Meer
und wieder zurück

Du schaust mich an
und aus der Zeit
wird in diesem Moment
die Ewigkeit

Es löst sich auf
der vorhandene Raum
nur noch du und ich
wie in einem Traum

Ich hab in deinen Augen
die Liebe gesehen
und wünschte dieser Augenblick
würde nie mehr vergehen

*

Der größte Sturm
reißt alles ein,
doch bist du bei mir
bleibt Stein auf Stein

Der größte Sturm
lässt untergehen
doch bist du bei mir
bleib ich stehen

Der größte Sturm
reißt Wurzeln aus
doch bist du bei mir
bleib ich zu Haus

Der größte Sturm
wirbelt geschwind
doch bist du bei mir
bleib ich Kind

Der größte Sturm
reißt alles entzwei
doch bist du bei mir
bleibt`s einerlei

*

Ich darf nicht an dich denken
denn sonst tut mir alles weh
ich darf nicht an dich denken
weil ich dich gerade nicht seh`

Ich darf nicht an dich denken
da ist sonst zu viel Gefühl
ich darf nicht an dich denken
weil sonst will ich viel zu viel

Ich kann nur noch an dich denken
und mir wird wieder einmal klar
ich kann nur noch an dich denken
du bist einfach wunderbar

Dass du nicht mehr an die Liebe glaubst
das kann ich gut verstehen
den Schmerz den sie dir angetan
den kann ich deutlich sehen

Wie soll man glauben und vertrauen
an etwas das alles genommen
wie kann man lieben und drauf bauen
dass nicht fällt was wieder erklommen

Was soll der Weg, der unendlich scheint
warum es noch einmal wagen
zu viel Schmerz und Trauer sind in mir
ich weiß nicht, ob ich kann`s noch mal tragen

Doch irgendetwas schreit in mir
das lauter ist als alle Zier
es zieht mich sehr weit fort von hier
ich glaub, es zieht mich zu dir

Warum kann Liebe auch Schmerz sein
das geht mir nicht in den Sinn
warum kann Liebe auch Schmerz sein
ich weiß nicht mehr wer ich bin

Warum kann Liebe auch Schmerz sein
wie konnte das alles geschehen
warum kann Liebe auch Schmerz sein
ich möchte am liebsten weggehen

Warum kann Liebe auch Schmerz sein
das ist hier die große Frage
warum kann Liebe auch Schmerz sein
das ist meine große Klage

Warum kann Liebe auch Schmerz sein
wie kommt es, dass ich so stark leide
warum kann Liebe auch Schmerz sein
vielleicht ist`s, weil ich sie so stark vermeide

*

Du kamst hierher
und warst ganz klein
die Liebe von dir
die war ganz rein

Ich hab dich gehalten
in meinem Arm
der Körper von dir
der war ganz warm

Doch langsam
da wuchst du mir über den Kopf
da musste ich dich halten
an deinem Schopf

Ich habe gedacht
so kann das nicht sein
und habe versucht
dich zu machen ganz klein

Doch langsam musste ich
eingestehen
dass du es bist
der mich hier klar kann sehen

*

Heute sag ich es ihm, dem wilden Mann
dass es so nicht mehr weitergeht
ich glaub der spinnt, der kann mich mal
der ist doch ganz verdreht

Gleich wenn er kommt, dann sag ich ihm
dass ich kann ihm nicht mehr vertrauen
na, warte nur, wenn er gleich kommt
werd ich ihm den Tag versauen

Da hör ich ihn, jetzt kommt er gleich
jetzt kommt meine große Stunde
ach, wie fühl ich mich wunderbar
ich werd machen davon große Kunde

Jetzt sag ich es ihm, die Tür geht auf
dass ich ihn finde ganz scheiße
doch als er dann so vor mir steht
da werd ich wieder leise

*

Du glaubst du handelst
und weißt dann Bescheid
doch du verschwendest
nur deine Zeit

Du denkst dieser Weg
sei der Richtige nun
und stürzt dich deshalb
ganz eifrig ins Tun

Du hast hier verbracht
schon so einige Zeit
um zu finden den Weg
der bringt dich hier weit

So handelst du nun
und schaffst immerzu
und kommst auch dabei
nicht wirklich zur Ruh

So gelangst du schließlich
zum festen Entschluss
dass du ja vielleicht
nicht handeln musst

Doch auch diese
gewünschte Ruhe
öffnet nicht wirklich
Pandoras Truhe

So stehst du nun da
du armer Wicht
wie du auch handelst
ist es richtig und auch nicht

*

Ich hab heute Geburtstag
was für ein Tag
es ist der Beste
den ich so mag

Ich geh jetzt nach draußen
und alle werden sehen
das ist mein Tag
ach, wie ist das schön

Doch als ich so laufe
auf einmal ich merk
dass auch alle andern
beschwingt gehen ans Werk

Wie ist denn das möglich
das ist doch mein Tag
das kann doch nicht sein
dass ein anderer ihn mag

So geh ich nach Hause
verstehe nichts mehr
ich fühl mich auf einmal
ganz traurig und leer

Da kommt mir ein Gedanke
genau so muss es sein
heute haben alle Geburtstag
nicht nur ich allein

*

Ich weiß jetzt ganz genau
dass du mich liebst
und dass du mir
auch deine Liebe gibst

Wie konnte ich dir
nur nicht ganz vertrauen
und nicht schon von Anfang an
ganz auf dich bauen

Ich hatte immer nur
das seltsame Gefühl
dass ich nur geben muss
und auch noch viel

In meinem Drang der Schuld
da konnte ich nicht sehen
dass auch du mit mir
willst überall hingehen

So habe ich deine Liebe
nicht erkannt
denn da ich mir zu klein
habe ich sie gleich verbannt

Doch langsam nun
da fängt`s zu dämmern an
und ich erkenne
dass man mich lieben kann

*

Ich spüre deinen Schmerz
als ob es mein eigener wär`
doch ich kann dir nicht helfen
auch wenn ich es wünschte mir sehr

Ich weiß, dass du leidest
und spüre den Verdruss
doch ich kann dir nicht helfen
weil ich hier bleiben muss

Ich sehe deine Trauer
und ich weiß auch Bescheid
doch ich kann dir nicht helfen
in deinem unendlichen Leid

Mir schmerzt es in der Seele
und doch weiß ich genau
ich kann dir nicht helfen
weil ich dir trau

*

Du spürst in dir
kein Leben mehr
du fühlst dich innerlich
verloren und leer

So versuchst du zu füllen
deine innere Leere auf
und dabei nimmst du
alles in Kauf

Du machst viele Dinge
bei denen weißt du genau
wenn du sie machst
machen sie dich flau

Doch auch dieses
stark beklemmende Gefühl
ist für dich noch besser
als zu spüren nicht viel

Es ist ein Zeichen
dass du noch fühlen kannst
auch wenn du dadurch
deine Liebe bannst

*

Ich liebte dich so
und hatte starke Angst
dass du vielleicht
eine andere fandst

Die Angst sie brannte
tief in mir drin
denn ohne dich hätte
alles keinen Sinn

Der Schmerz er fraß
meine Seele auf
doch das nahm
gerne ich in Kauf

Der Gedanke in mir
dich zu verlieren
war schlimmer für mich
als nichts mehr zu spüren

So wurde in mir
etwas Neues geboren
und dabei habe ich
alles verloren

*

Ich kann dir nicht verzeihen
dass du mich einfach lässt gehen
ich kann mir nicht verzeihen
dass ich dich einfach lass stehen

Ich kann dir nicht verzeihen
dass du mich einfach verletzt
ich kann mir nicht verzeihen
dass ich dich einfach zerfetz

Ich kann dir nicht verzeihen
dass du lässt mich allein
ich kann mir nicht verzeihen
dass ich lass dich sein

Ich kann dir nicht verzeihen
dass du einfach kamst klar
ich kann mir verzeihen
denn das einfach nicht wahr

*

Nur wer seine Emotionen
noch nicht hat im Griff
der will sich auch stürzen
von dem hohen Riff

Das Ganze mal betrachtet
aus einer anderen Sicht
um schließlich zu erkennen
dass stimmte alles nicht

Wer kann hier denn schon sagen
wer ist der Bösewicht
ich muss hier ganz klar sagen
ich kann es wirklich nicht

Betrachtet man das Ganze
aus einer anderen Zeit
dann muss man nämlich sagen
dass nichts hier ging zu weit

Ein jeder tat sein Bestes
ein jeder hatte seine Pflicht
deshalb würde ich dir raten
verurteile ihn besser nicht

Nur weil du kannst nicht sehen
den großen göttlichen Plan
darfst du deshalb nicht gehen
um zu greifen den andern an

Nein, niemand, wirklich niemand
fällt aus der Schöpfung raus
drum lerne ihn zu verstehen
auch du bist hier zu Haus

*

Du fühlst dich krank
und willst es nicht sehen
so versuchst du beharrlich
noch weiter zu gehen

Du hast große Angst
zu schauen auf dich
weil es dir dabei
gibt einen Stich

So versuchst du nun stark
alles zu ignorieren
um vielleicht dadurch
nichts mehr zu spüren

51

Doch langsam da wird
der Schmerz doch zu groß
und so bist du gezwungen
zu nehmen dein Los

*

Du willst die Macht halten
bei jemandem der dir nah
so musst du sehr stark walten
dass bleibt er immer da

Kein anderer darf ihn haben
sonst spürst du gleich Verdruss
so zeigst du ihm sehr deutlich
dass er hier bleiben muss

Denn wenn er nicht bei dir
du fühlst ganz genau
er könnte vielleicht spüren,
dass er ist nicht ganz schlau

So versuchst du ganz stark nun
zu halten die Leine kurz
damit dir nicht auffällt
dass du bist dem andern schnurz

*

Heute Nacht hab ich dich
im Traum gesucht
und habe dabei
jeden Misserfolg verflucht

Doch schließlich
da kamst du rein zur Tür
und schautest nur noch
ständig zu mir

Ich durfte mich setzen
gleich neben dich hin
und mein Leben bekam
einen neuen Sinn

Dann gingst du vor mir
mit sicherem Schritt
und ich folgte
behutsam mit

So ging ich nun langsam
hinter dir her
und wollte von dir
noch spüren viel mehr

So hab ich deine Hände
von hinten berührt
und habe gefühlt
dass du hast es gespürt

Es hat dir gefallen
das merkte ich genau
so berührte ich sie noch mehr
weil ich mich trau

Und als ich meine Hände
dann in deine Hände lag
da hieltest du fest sie
genau so wie ich es mag

Du wolltest mit mir gehen
an einen einsamen Ort
um zu tun noch was anderes
doch da musst ich wieder fort

*

Aus dem tiefsten meines Herzens
aus dem tiefsten meines Seins
weiß ich genau
dass du bist meins

Deine Liebe sie trägt mich
deine Liebe macht mich stark
ich kann sie fühlen
bis ins kleinste Mark

Du bist immer bei mir
du bist immer gut
und deshalb verliere ich
nie den Mut

Egal was kommt noch
egal was passiert
ich weiß genau
wohin es mich führt

Keine Macht ist stärker
keine Macht gewinnt
wenn wir beide
zusammen sind

*

Du kommst hierher
mit Vertrauen und Mut
und du fühlst in dir
dass alles wird gut

Das Licht in dir
es brennt stark und hell
du kannst nicht erwarten
zu kommen ganz schnell

Die Kraft die du hast
wärmt alles in dir
es gibt keine Zweifel
dass du bist jetzt hier

Doch das Leben wird fordern
mit unbändiger Macht
dass auch dein Licht verschwindet
in die kalte dunkle Nacht

*

Heimat,
was für ein unglaubliches Wort
wie konnte es mich nur ziehen
fort von diesem Ort

Ein Gefühl der Geborgenheit
wenn ich daran denke
all meine Sehnsucht
auf diesen Ort ich lenke

Was für eine Liebe
was für eine Kraft
wie konnte ich nur gehen
in die dunkle Nacht

Doch heute, gerade eben
da kam ein lieber Gruß
und ich fühl tief in mir
dass ich es schaffe, auch zu Fuß

*

Als Kind du bist glücklich
doch dir ist es nicht bewusst
so darfst du nun leben
auch wenn du denkst, du musst

Denn als Kind einfach du handelst
ohne zu begreifen den wahren Sinn
deshalb musst du gehen ins Leben
um zu verstehen, dass ich bin

*

Die Macht zu entscheiden
über Leben oder Tod
die Macht zu entscheiden
über Reichtum oder Not

Sie zieht dich ganz magisch
in ihren Bann
du denkst du kannst handeln
in deinem Sinne dann

Du hast das Gefühl
du kannst alles kontrollieren
so bist du sicher
dass du kannst nichts verlieren

Doch solange du Angst hast
vor einem Verlust
musst du handeln
nach ihrem Beschluss

*

Du fühlst dich wertlos
und innerlich klein
deshalb versuchst du nun
das nicht mehr zu sein

So überlegst du eifrig
ganz schlau und ganz kühl
was könnte ich tun
damit ich mich besser fühl

Was muss ich machen
um zu fühlen mich mehr wert
ich kauf mir schöne Sachen
so, das wäre geklärt

*

Wenn du einmal traurig bist
und du fühlst stark dein Leid
tanze, tanze, tanze
denn es wird wieder mal Zeit

Wenn du einmal traurig bist
und es ist spät in der Nacht
höre, höre, höre
wie die Musik in dir lacht

Wenn du einmal müde bist
und du schaffst es nicht mehr
singe, singe, singe
und du fühlst dich nicht leer

58

Bring die Musik
welche ist dir so nah
einfach zum schwingen
denn sie ist immer da

*

Ich muss immer lächeln
wenn ich dich sehe
ich muss immer lächeln
wenn ich bei dir stehe

Ich muss immer lächeln
wie du dich bewegst
ich muss immer lächeln
wenn du kommst demnächst

Ich muss immer lächeln
wenn ich an dich denk
ich muss immer lächeln
wenn du deinen Blick zu mir lenkst

Ich muss immer lächeln
ich kann nichts dafür
ich muss immer lächeln
es liegt nur an dir

*

Viele Jahre
da musste ich bleiben allein
und durfte nicht raus
aus meinem Kämmerlein

Das Wissen in mir
es riss mich entzwei
doch du warst streng
und bliebst dabei

So litt ich unsäglich
in all meiner Not
und fühlte mich oft so
als wäre ich tot

Doch du wolltest mich zügeln
mit all meiner Kraft
und so musste ich schmoren
in meinem eigenen Saft

Doch jetzt kann ich raus
und du erlaubst es mir
dass ich darf schreiben
so viel von dir

*

Der Ehrgeiz
er frisst meine Seele auf
doch so können die Dinge
nicht nehmen ihren Lauf

Der Drang
immer noch etwas zu tun
er ist stärker als
auch mal zu ruhen

Was treibt mich so stark
ins Leben hinein
ist es der Wunsch
auch mal zu sein

Was ist diese Kraft
die Besitz von mir hat
die mich fühlen lässt
dass ich werde nie satt

Sie zwingt mich zu handeln
ob gut oder schlecht
ich weiß nicht ob es mir
ist immer recht

Ich bin immer in Eile
ich bin immer in Hast
wie gut wäre auch mal
nur eine Rast

*

Ich war immer anders
das weiß ich jetzt genau
es war nie ganz einfach
wenn zurück ich nun schau

Du musst immer haben
das allerletzte Wort
das hörte ich öfters
und so ging ich fort

In den Gesichtern der andern
habe ich oft gesehen
dass sie dachten ich spinne
und so musst ich gehen

Meine Reise wurde schwerer
und bald war ich ganz allein
doch eine Stimme in mir sagte
genau so muss es sein

So begann ich zu sehen
was die anderen nicht sahen
und so weiß ich nun wirklich
dass ich komm aus Mohikan

*

Jerusalem, du stehst da
um Liebe zu geben
doch stattdessen fordern
alle dein Leben

Jerusalem, in deinem Herzen
ist für viele Platz
doch stattdessen fordern
alle ihren Schatz

Jerusalem, du Sonne
für alle Kinder
doch stattdessen fordern
alle nur Winter

Jerusalem, du auserwählter
heiliger Ort
doch stattdessen möchtest du
einfach nur fort

*

Es ist einfach unbeschreiblich
wenn wir beide zusammen waren
du liebtest mich ganz zärtlich
und hieltest mich in deinen Armen

Wir waren einfach glücklich
und wir lebten in einem Traum
wir wollten nur uns beide
nichts verdunkelte den Raum

Doch auf einmal unerklärlich
kam mit unbändiger Macht
ein schwarzer Blitz vom Himmel
und verdunkelte die Pracht

Sie veränderte dein Wesen
du warst nicht mehr wie zuvor
was zuvor war noch gewesen
erreichte nun nicht mehr mein Ohr

Du wolltest mich teilen
mit der anderen Sinn
ich sollte mich geben
einem anderen hin

Ich fühlte mich verraten
und mir wurde bitterkalt
ich erkannte dich nicht wieder
so verlor ich meinen Halt

Statt Wärme nun und Liebe
war es in mir kalt und leer
und da du den Schmerz verursacht
wollte ich dich nun nicht mehr

Zuerst wolltest du nicht gehen
denn du verstandest nicht den Schmerz
doch durch der anderen Hilfe
erkanntest du es war kein Scherz

So trennten sich unsere Wege
ich blieb hier und du gingst fort
und so war nichts mehr geblieben
was zuvor an diesem Ort

So begannst du deine Reise
auch dein Schmerz war riesengroß
denn du konntest nicht verstehen
dass ich gab dir dieses Los

So fühlten wir uns beide
ganz allein und sehr verloren
und wir konnten nicht verstehen
was da Neues war geboren

Die Zeit verging sehr langsam
auf der Reise durch das Tal
sie war hart und sehr beschwerlich
doch du hattest keine Wahl

So lebtest du alleine
und holtest alles ein
denn du spürtest ganz tief in dir
dass genau so muss es sein

Einmal durftest du mir schreiben
etwas, das ich immer las
du schriebst du isst die Früchte so
wie ich sie immer aß

Und allmählich sehr, sehr langsam
fingst du nun zum sehen an
und dir wurde immer klarer
warum ich diesen Schmerz bekam

Und je mehr du ihn verstandest
das konntest fühlen du in dir
wurde deine Reise kürzer
auf dem Weg zurück zu mir

Und so sitze ich nun und warte
und mein Schmerz wird langsam klein
es kann nicht mehr lange dauern
bis wir können wieder sein

*

Du wurdest geboren
in Abrahams Schoß
du warst sehr glücklich
über dein Los

Du hattest alles
was dein Herz begehrt
nichts konnte verringern
deinen eigenen Wert

Du konntest nur sehen
deine eigene Welt
dir war nicht bewusst
was alles zusammenhält

Du konntest nicht erkennen
was dir wurde geschenkt
und so hat die Liebe
dein Schicksal gelenkt

Sie forderte von dir
mit unbändiger Macht
deine Liebe zurück
in all ihrer Pracht

Es war für dich schwer
sie zu geben wieder her
doch du konntest nichts tun
auch wenn du es dir wünschtest so sehr

Und so wurde dir bewusst
was dir wurde geschenkt
und so hat die Liebe
dein Schicksal gelenkt

*

Es ist spät in der Nacht
da kommt deine Zeit
du fühlst dich stark
und zur Jagd bereit

Du kennst dich aus
in deinem Revier
du weißt genau
wer eben war hier

Nichts entgeht deinem Sinn
du kennst die Nacht
es bist du der hier
ganz heimlich wacht

So sitzt du ganz ruhig
auf deinem sicheren Platz
nichts kann dich bewegen
denn du bist eine Katz

*

Deine Freude ist groß
wenn du kannst draußen sein
du spürst die Freiheit
und du setzt Bein auf Bein

Du rennst über die Felder
und du spürst den Wind
du tollst herum
wie ein kleines Kind

Wenn auch noch kommt
einer der ist wie du
dann ist es aus
mit der gesegneten Ruh

Du wirbelst geschwind
und springst auf und ab
deine Lebensfreude
hält dich auf Trab

Wie schön es für dich war
diese kurze Zeit
als das Schicksal hielt
einen Freund bereit

*

Du spürst die Kraft des Windes
wie er deine Flügel hebt
du schwebst ganz still und leise
und du spürst, dass alles lebt

Nichts beunruhigt deine Sinne
du bist unbeschwert und frei
du lässt dich einfach treiben
denn was ist denn schon dabei

Alles, was dir nichts bedeutet
lässt du einfach unter dir
denn du spürst genau beim Fliegen
alles Wichtige ist hier

*

Du bist nicht dumm
das weißt du genau
du bist zwar kein Mensch
und nur eine Sau

Doch du weißt genau
du bist schlauer als ein Hund
doch kein Mensch macht davon
große Kund

Du liebst es zu leben
und im Schlamm rumzusuhlen
du baust dir ganz eifrig
deine eigene Kuhlen

Du liebst es zu schnuppern
an deines Kameraden Ohr
du bist dann sehr glücklich
doch das kommt selten vor

Keine Sau interessiert sich
ob du glücklich oder nicht
vielleicht ist irgendwo
ein Mensch in Sicht

*

Du lässt dich nicht bewegen
nicht nach vorn und nicht zurück
egal wie man dich anschiebt
bei dir hat man gar kein Glück

Du bleibst an einer Stelle
die dir kam gerade in den Sinn
egal, wie man`s auch anstellt
du bleibst feste mittendrin

Da hilft auch kein Gejammer
du bleibst feste wie ein Stein
dich kümmern nicht die andern
denn für dich muss es dort sein

*

Wir lebten in Familien
doch ihr schossest uns tot
aus purer Mordlust
begann unsere Not

Uns gehörte die Weite
und das fruchtbare Land
doch ihr konntet nicht sehen
und habt uns verbannt

So wurden wir kleiner
und bald gab es uns nicht
und die Steppen verloren
ihr Gesicht

*

Ich bin ganz klein
und du kannst mich nicht sehen
ich spüre deine Schritte
bei deinem kräftigen Gehen

Du bist für mich ein Riese
ein mächtiger Berg
im Gegensatz zu dir
bin ich ein kleiner Zwerg

Du beachtest mich nicht
denn ich bin viel zu klein
doch auch ich möchte hier
einfach nur sein

*

Du kannst mich nicht sehen
doch ich bin nah bei dir
in meiner Welt
halte ich das Revier

Ich bin für dich nicht da
und doch bin ich hier
denn du kannst nur leben
mit Hilfe von mir

Wir sind sehr viele
in unendlicher Zahl
es ist unser Schicksal
wir hatten keine Wahl

Nur alle zusammen
sind wir wirklich gut
wir haben uns versammelt
in deinem Blut

*

Du stehst hier schon lange
du hast alles gesehen
auch ein stürmischer Wind
konnte wieder vergehen

Du spürst den Regen
die Sonne, das Eis
und auch der Schnee
machte dich schon mal weiß

Du bist fest verwurzelt
niemand bricht dich entzwei
du zeigst dein Gesicht
wenn es kommt der Mai

Du treibst deine Blätter
aus deinem Versteck
auch wenn du genau weißt
dass sie wehen wieder weg

Du zeigst in Liebe
deine wahre Natur
du kannst es fühlen
das Leben pur

*

Ich bin ganz frei
mich kann keiner berühren
doch ich kann alles
ganz deutlich spüren

Ich streiche über die Felder
die Wiese, das Meer
und wenn ich komme
dann ist nichts mehr leer

Mich kann niemand zähmen
ich bin mein eigener Herr
und du stellst dir die Frage
bin ich wer

*

Ich bin die Sonne
und ich steh ganz allein
und doch wärme ich alle
mit meinem Schein

Keiner kommt mir zu nahe
das wäre sein sicherer Tod
und doch halte ich alles
in sicherem Lot

Du kannst mich nicht sehen
und doch bin ich da
du spürst meine Wärme
und ich bin dir ganz nah

Ich bringe das Dunkle
immer ins Licht
doch schaust du mich an
dann siehst du mich nicht

Ich verströme das Leben
in unendlicher Zahl
alles muss wachsen
es hat keine Wahl

Ich sehe alles
nichts entkommt meinem Blick
alles was ich erhelle
kommt zu mir zurück

So vergebe ich alles
was ich selber bin
so bekommt das Leben
einen neuen Sinn

*

Ich treibe im Meer
mal auf mal ab
die Wellen halten mich
ganz schön auf Trab

Ich lasse mich treiben
ob Sturm oder Schön
das Wasser berührt mich
im Kommen und Gehen

Du hast mich gemacht
dass ich hier treiben kann
nur du allein
weißt die Antwort wie lang

Mein Kopf der stellt sich
in die Höhe
damit ich bin
in deiner Nähe

Meinen Fuß jedoch
machtest du schwer
damit ich nicht falle
im stürmischen Meer

So halte ich die Waage
ob hoch oder tief
so bin ich niemals
wirklich schief

*

Du streifst durch die Landschaft
und dein Magen ist leer
du hattest nichts zum Fressen
schon seit Tagen nicht mehr

Keine Witterung, keine Beute
ist für dich weit und breit
und dabei streifst du
schon seit so langer Zeit

Deine Gier wird noch größer
je mehr Zeit geht ins Land
du wirst aggressiver
alles verläuft sich im Sand

Deine Sinne werden schärfer
nichts entgeht mehr deinem Blick
du läufst immer schneller
schaust nicht mehr zurück

Bei dir ganz in der Nähe
das riechst du jetzt genau
ist die Nahrung für dein Leben
drum sei auf der Hut und schau

*

Du schwimmst in der Tiefe
es ist unendlich und blau
nichts kann deinen Weg stoppen
das weißt du genau

Du siehst nur sehr wenig
auf deinem Blick durch das Meer
und doch spürst du in dir
dass es ist hier nicht leer

Das Wasser es trägt dich
und macht dich ganz leicht
nur Leere und Stille
so weit das Auge reicht

Doch du fühlst dich nicht einsam
auch wenn du alleine bist
denn das Wasser verbindet
mit allem was da ist

*

Ich grase auf der Weide
und es geht mir gut
hier zu stehen erfordert
sehr viel Mut

Ich kann mich nicht wehren
wenn es kommt wer vorbei
der will mich fressen
denn ich hab nichts dabei

Ich bin ganz wehrlos
das weiß er genau
was soll ich nur machen
wenn ich ihm nicht trau

Ich kann nur stark hoffen
dass er mich nicht sieht
vielleicht kann ich bleiben
bis zum nächsten Lied

Niemand kann mich verstehen
dass ich hab hier so Angst
es ist nicht einfach
wenn du gar nichts kannst

So hab ich vertrauen
dass es kommt der nächste Tag
denn es muss einen geben
der mich wirklich mag

*

Ich bin dort oben
und strahle im Licht
doch von mir selber
kommt es nicht

Ich bin ein Diener
vom großen Stern
der durch mich sagt
er hat euch gern

*

Ich konnte nicht verstehen
warum er schlug ihn tot
ich hab ihn verurteilt
in all meiner Not

Ich konnte nicht begreifen
was ihn brachte ins Grab
ich wollte ihn richten
mit meinem eigenen Stab

Du konntest mich hindern
dass ich handel ganz schnell
sonst wäre er jetzt tot
und ich wäre hell

*

Du spendest Licht
in dunkler Nacht
dein Licht entfacht
durch Handes Macht

Du stehst allein
und brennst ganz hell
die Flamme lodert
sehr, sehr schnell

Du weißt genau
die Zeit verrinnt
und mit ihr
deine Größe schwind

Bald bist du klein
nur noch ein Hauch
dann löst du dich
ganz auf in Rauch

Und doch auch noch
in dieser Stunde
brennst du so hell
wie in der Anfangsrunde

*

Ich hasse alles
durch was ich gehen hab müssen
ich hasse alles
was ich sehen hab müssen

Ich möchte am liebsten sein
winzig und klein
damit ich nicht fühlen muss
mit allem das Sein

Ich hasse die Schwere
die Bürde, die Last
ich will einfach nur machen
eine ganz normale Rast

Wie konntest du mir geben
diese Last, diese Pein,
damit ich hier sein muss
mit allem so rein

Ich will mich wieder fühlen
unbeschwert und frei
komm nimm mir alles
komm einfach vorbei

Ich will wieder sein
wie ein dummes Kind
auch wenn meine Fehler
wieder bei mir sind

Du hast aus mir gemacht
was zu tragen zu schwer
komm nimm meine Last
ich will sie nicht mehr

Ich will wieder dumm sein
klein und auch tot
es kann nicht viel schlimmer sein,
als jetzt meine Not

Wie konntest du mir geben
dein eigenes Gesicht
konntest du nicht erkennen
dass ich kann das alles nicht

Es gibt so viele
die hätten das alles gewollt
du kannst ihnen geben
meinen sauer verdienten Sold

Warum musste ich tragen
auf meinem Rücken so viel
es ist mehr als nur
so ein saudummes Spiel

Ich war nicht scharf
auf dieses Spiel ohne Ende
komm lass mich legen
alles zurück in deine Hände

Behalte dein Wissen
deine Liebe, deine Macht
wie glücklich ich wäre
hätte ich wieder mal gelacht

So glücklich wie ein Kind
das noch nichts gesehen
ich wünschte alles
würde wieder vergehen

*

Ich sehe aus dem Fenster
und sehe ein Kind
es hat keine Schuhe
und rennt ganz geschwind

Halt Vorsicht, gib acht
du kleiner Wurm
lauf nicht in einen Stein
so schnell im Sturm

Ach, könnt ich es tragen
über alles was da ist
aber vielleicht hätte es sonst
den Rasen vermisst

*

Geliebter Schatten
geliebter Freund
was hätte ich ohne dich
alles versäumt

Du stehst hier vor mir
und schaust mich an
es dauert lange
bis ich dich nehmen kann

Du bist nicht grausam
du bist nicht schlecht
du standest vor mir
und das mit Recht

Wie konnte ich dich meiden
warum ignorieren
du wolltest mich einfach
einmal nur spüren

So viele Jahre
so lange Zeit
und ich war nie wirklich
für dich bereit

So komm nun mein Bruder
komm in meinen Arm
ich drück dich ganz feste
und mache dich warm

*

Ich lieb dich am Abend
und auch am Morgen
ich lieb dich glücklich
und auch mit Sorgen

Ich lieb dich, wenn es dunkel ist
und auch wenn es hell
ich lieb dich, wenn es langsam ist
und auch wenn es schnell

Ich lieb dich ganz oben auf dem Berg
und auch im Tal
ich lieb dich wenn du öfter kommst
oder auch nur einmal

Ich lieb dich im Sommer
im Herbst und im Winter
und besonders im Frühling
stehe ich gern dahinter

Mir ist es egal,
ob es warm oder kalt
ich lieb dich im Haus
und auch im Wald

Ich lieb dich, wenn ich wach bin
und auch wenn ich träum
ich lieb dich immer
weil ich so nichts versäum

*

Danke, für alles
was du mir gabst
danke, dass du mich
hier so labst

Danke, für die Wunden
die Schmerzen, die Pein
danke, dass du mich ließest
hier so allein

Danke, für deine Führung
in bitterer Not
danke, dass du mich ließest
in den sicheren Tod

Danke, für die Liebe
die mich hier umgab
danke, für die Hilfe
die stets um mich lag

Danke, für die Menschen
die ich traf um zu sein
danke, für alles
das mich machte so rein

Danke, für die Engel
die ich nie wirklich sah
danke, für ihre Liebe
denn sie war wirklich da

Danke, für alles
kein Wort ist zu viel
danke, für dieses
wunderbare Spiel

*

Der Himmel ist in mir
ich fühle, dass ich bin
mein altes Leben
bekommt einen neuen Sinn

Es ist wie ein Märchen
es ist wie im Traum
ich kann`s noch nicht fassen
ich glaube es kaum

Ich fühle mich glücklich
so unbeschwert und frei
ich spüre alles
ist nun dabei

Alles, was ich wollte
was ich immer sah
ist plötzlich so spürbar
und endlich nah

Nun lebe ich wirklich
wie in meinem Traum
ich hab überwunden
die Zeit und den Raum

*

Heute Nacht hatte ich einen Traum
der alles fing ein
er zeigte mir alles
ganz deutlich und rein

Wir waren zusammen
in ein und demselben Raum
ich spürte dich ganz nah
es war auch kein Traum

Dann gingen wir in einen Gang
mit sehr vielen Türen
dabei wollten wir uns
ständig nur berühren

Doch dann mussten wir uns trennen
ich ging in den einen Raum hinein
du betratest einen andern
und bliebst nackt im Bett allein

So war ich nun alleine
die Tür schloss sich hinter mir zu
doch, dass du allein woanders
das ließ mir keine Ruh

Egal was ich auch machte
ich dachte immer nur an dich
und ich sah dich dort auch liegen
wie du dachtest nur an mich

Und als die Zeit zu Ende
und die Tür sprang wieder auf
wollte ich nur ganz schnell zu dir
nichts verhinderte den Lauf

Du lagst ganz ruhig und friedlich
und ich dachte, dass du schliefst
doch eine Stimme in mir sagte,
dass du ganz laut nach mir riefst

So ging ich nun ganz langsam
immer näher an dein Bett
und wünschte mir ganz sehnlich
dass ich dich bald wieder hätt`

Ich war ein bisschen anders
doch du warst noch wie zuvor
du hattest so viel Reinheit
hoffentlich traf ich noch dein Ohr

Mit jedem Schritt näher
an dein Bett heran
drang in dich wieder Leben
das Du von Anfang an

Und als ich schließlich stand
ganz nackt so neben dir
da warst du wieder wach
und schautest gleich zu mir

Du zogst mich ganz schnell zu dir
so als wäre nichts geschehen
hier schreib ich nicht mehr weiter
denn das muss man selber sehen

*

Es ist früh am Morgen
ein neuer Tag bricht an
ich weiß nicht warum
ich nicht mehr schlafen kann

Ich geh nach draußen
es ist noch kühl
die Kälte ich
an meiner Wange fühl`

Es ist noch ganz friedlich
kein Mensch ist zu hören
es wäre auch sehr traurig
würde jemand hier stören

Die Amsel auf dem Dach
singt so rein und klar
ich weiß nicht
wann es das letzte Mal war

*

Alles schon da
nichts kann man erfinden
was längst schon nah

Kein neues Wort
nichts kann man schreiben
was längst am Ort

Kein neuer Sinn
nichts kann man geben
was seit Beginn

Keine Liebe mehr
nichts kann man schenken
was schon so sehr

Was willst du von mir
dass ich einfach bin
hier

*

Mein Führer, mein Retter
mein Freund in der Not
du verstandest mich immer
und warst nie tot

Du hast mich begleitet
in all dieser Zeit
und ich war immer
für dich bereit

Nichts konnte uns trennen
in all diesem Licht
das was du nicht wolltest
das gab es nicht

Niemand war mir so nahe
niemand kannte mich so
du wusstest immer
wie ich war und wo

Niemand konnte dich sehen
ich hab dich versteckt
deine besondere Liebe
war für alle bedeckt

Du hast mich verstanden
du warst als Einziger da
du warst es alleine
der war mir ganz nah

Keinem anderen habe ich
so stark vertraut
du hattest ganz tief
in meine Seele geschaut

Doch jetzt brauch ich dich nicht mehr
lebe wohl mein Schmerz
du kannst wieder gehen
aus meinem Herz

*

Ich bin hässlich
du bist schön
du willst kommen
ich will gehen

Ich hab mich verändert
du bist gleich
ich bin arm
und du bist reich

*

Ich soll für dich wachsen
ich will aber nicht
ich will sie nicht haben
diese göttliche Pflicht

Ich will lieber bleiben
genau so wie ich bin
ich will ihn nicht haben
den göttlichen Sinn

Komm lass mich in Ruhe
und dränge mich nicht so
ich bin so glücklich
und auch so froh

Doch du hast kein Erbarmen
was bist du so streng
du legst deine Arme
um mich ganz eng

So folge ich dir trotzig
wie ein kleines Kind
und setz meine Füße
einfach so blind

*

Ich renne ganz stark
gegen den Wind
meine Füße sie tragen
mich ganz geschwind

Ich kenne alles
ich trag es in mir
ich habe den Schlüssel
für die verschlossene Tür

Meine Kraft ist unglaublich
ich löse alles auf
nichts kann mich hindern
in meinem Lauf

Ich sehe das Ziel
es ist greifbar nah
und doch bin ich
immer noch da

*

Das Leben ist wirklich
eine bittere Qual
egal wie du handelst
du hast keine Wahl

Bist du gut
hast du zu wenig Vertrauen
bist du schlecht
kann niemand auf dich bauen

Willst du helfen
störst du des Lebens Fluss
lässt du es sein
spürst du Verdruss

Egal, wie du handelst
man kann nie glücklich sein
und deshalb sag ich zu allem „Nein"

*

Ich sehe ein Kind
das weint bitterlich
ich hab das Gefühl
es wurde gelassen im Stich

Ich schau zu ihm hin
ob ich helfen kann
da schaut es mich
genau so an

*

Ich bin gefangen
im „Ja“ und „Nein“
und kann nie wirklich
glücklich sein

Ich bin gefangen
im „Nein“ und „Ja“
und bin nie wirklich
einfach da

Ich bin gefangen
im „Nein“ und „Ja“
und bin nie wirklich
allem nah

Ich bin gefangen
im „Ja“ und „Nein“
und kann nie wirklich
göttlich sein

Schluss, ich hör auf
ich komme zu keinem Ende
oder mach ich weiter
kommt dann die Wende

*

Genagelt ans Kreuz
in Not und in Pein
zu helfen den andern
doch ihn ließ es sein

Gekommen zu bringen
das Licht in die Nacht
doch seines wurde
ausgefacht

Zu schnell war die Bürde
zu schwer war die Last
auch wenn er suchte
vergeblich die Rast

Er wurde gemacht
aus der Umstände Not
doch am liebsten wäre er
einfach nur tot

*

Die Zypresse stand
wie ein Gemälde im Topf
sie ragte in den Himmel
ihren tiefgrünen Schopf

Ich pflegte sie lange
war sie mir anvertraut
ich hab sie ganz stolz
immer angeschaut

Nie vergaß ich zu gießen
meinen prächtigen Schatz
ich stellte sie immer
an den richtigen Platz

Doch als die Sonne
brannte mehr als nur heiß
goss ich sie zu wenig
genau ich das weiß

Wie konnte ich machen
diesen Fehler so groß
und gab der Zypresse
dieses grausame Los

Was vorher noch grün
war anzuschauen
war nicht mehr so saftig
und auch braun

Ich Dummkopf, ich Narr
ich kleiner Wicht
warum hab ich gegossen
sie einfach nicht

Ich ließ sie im Stich
das Geschöpf der Natur
ich fühlte mich schuldig
und das ganz pur

Nichts konnte mich trösten
der Mensch ist so dumm
nie macht er was richtig
und alles krumm

So ging ich nach draußen
in die Natur, die perfekt
und konnte nur hoffen
dass sie Mut in mir weckt

Ach, wie war sie herrlich
alles gedeihte und sprieß
diesen schönen Anblick
ich in meine Augen ließ

Sie machte keine Fehler
das wusste ich genau
sie kümmerte sich um alles
ach, wie ich schau

Doch halt, was war das
ich war wie gebannt
ich konnte nicht glauben
was mein Auge fand

Dort oben auf dem Baum
direkt anzuschauen
da waren Blätter
einfach so braun

*

Es waren fünf Fische
einer war der Boss
er bestimmte alleine
wohin die Nahrung floss

Keiner durfte sich wagen
an der Nahrung Platz
sonst machte der eine
allen andern Ratzfatz

Er war so beschäftigt
zu verteidigen sein Revier
keiner durfte fressen
von den andern vier

Doch immer wenn er jagte
einen von dort fort
begaben sich drei andere
sofort an diesen Ort

So kam es, das war
einer immer platt
und die anderen vier
waren immer satt

*

Es war einmal ein Fisch
der hatte so viel Glück
er hatte so viel Futter
in einem ganzen Stück

Schnell schwamm er in die Ecke
an einen dunklen Platz
dass keiner konnte ihm nehmen
seinen heiß umkämpften Schatz
100

Es schaute aus dem Maul
noch ein kleines Stück heraus
das wollte er behalten
auf jeden Fall, in seinem Schmaus

So stand er sehr lange
konnte nicht vor und nicht zurück
konnte nicht mehr schlucken
denn es war ein großes Stück

Was sollte er nun machen
er hatte keine Wahl
er musste wieder spotzen
was für eine Qual

*

Ich musste dich opfern
auf dem Altar
was mir lieb und wichtig
nicht mehr war

Ich musste geben
alles her
es fiel mir wirklich
unsagbar schwer

Jetzt habe ich nichts mehr
was ich geben kann
fängt nun alles
von vorne an

*

Es waren zwei Fischlein
eins männlich, eins die Frau
er jagte die Schwächere
das wusste sie genau

So musste sie werden
um zu leben gemein
damit sie auch konnte
mit ihm hier sein

Und wenn er gelernt hat
zu lieben sie so
dann werden auch beide
hier wieder froh

*

Gott schuf den Menschen
als Mann und Frau
erst zusammen
waren sie ihm genau

Da Gott schuf den Menschen
nach seinem Gesicht
kann einer alleine
sein es nicht

Denn erschaffen können
sie nur zu zweien
und deshalb muss es genau so sein

*

Mein Kind was jammerst du
so über mich
denkst du wirklich
ich hab dich gelassen im Stich

Vor lauter Gejammer
da siehst du nichts mehr
du machst dir selber
das Leben schwer

Ich war immer bei dir
komm schau mich an
damit ich wieder
leben kann

*

Ein weiter Weg
liegt hinter mir
er brachte mich immer
näher zu dir

Und jetzt am Ziel
genau ich weiß
ich ging die ganze Zeit
nur im Kreis

*

Du hast mir geopfert
dein bestes Pferd
war ich es für dich
wirklich wert

Es war das Beste
in deinem Stall
es hat mir geholfen
auf jeden Fall

Es hat mir gezeigt
wie sehr du mich liebst
ich hoffe, dass du
mir vergibst

*

Ich möchte dich beißen
ich kann aber nicht
liegt es vielleicht
an deinem schönen Gesicht

Jeden habe ich gebissen
der kam mir zu nah
es ist vielleicht besser
du bleibst lieber da

Ich kann dir nicht sagen
wie ich reagier`
ich will dir nur sagen
dass ich bin hier

*

Ich wollte nie so werden
wie einer von zweien
ich wollte immer
anders sein

Ich hab sie verurteilt
so wie sie waren
ich fand sie erbärmlich
und auch arm

Doch jetzt muss ich feststellen
dass ich genau so bin
gibt das alles
einen Sinn

*

Es kämpfen der Vater
und die Mutter in mir
ich sollte draus machen
ein harmonisches Wir

Lang war einer von ihnen
in mir dominant
ich gab die Kontrolle
in seine Hand

Jetzt muss ich erkennen
dass beide sind gleich
und das macht mich
unendlich reich

*

Was bin ich, ein Mensch
ein Dichter, ein Narr
bin ich verrückt
oder vielleicht wunderbar

Warum schreibe ich
so viel auf das Papier
soll es mich trösten
dass ich bin hier

Zerfließt mein Selbst
aus Mitleid für mich
oder will ich hier lassen
niemand im Stich

Wen will ich überzeugen
dass ich bin im Recht
hab ich keinen Erfolg
geht es mir schlecht

Was ist der Sinn
für diese Kritzelei
vielleicht einfach nur
dass ich bin frei

*

Ich hab gelebt
in meiner Fantasie
die Wirklichkeit
die wollt ich nie

Warum schafft man sich Träume
so ein hohes Ideal
nur weil man sich klein fühlt
und irgendwie fahl

Man verschwendet dabei
so viel Energie
und lebt doch eigentlich
irgendwie nie

*

Du bist mein Herr,
nichts wird mir fehlen
nimmermehr

In deinem Arm,
liege ich sicher
und auch warm

Nichts ist mehr schwer
du trägst mich hin
zum blauen Meer

Dort werd ich sein
nur mit dir
ganz allein

*

Es ist so klein
beim ersten Blick
es hilft kein Jammern
es gibt kein zurück

Da liegt es das Leben
in der kleinsten Form
es entspricht genau
der kleinsten Norm

Es fühlt sich so winzig
so unsagbar klein
doch genau so
muss es jetzt sein

Es kann leben
genau wie es will
alles hört und lauscht
und ist ganz still

Niemand kann es verletzen
in seinem Drang
es hängt wie jeder
am gleichen Strang

Egal was es tut
in seinem Mut
alle sind glücklich
alles ist gut

Denn bereits seit seinem
ersten Blick
lebt es für andere
in seinem Glück

*

Was ist es
was mich am Leben erhält
ist es das heitere
Treiben der Welt

Ist es die Sonne
das Meer, der Wind
sind es die Blumen
oder ist es ein Kind

Ist es die Brise
die streicht übers Haar
sind es die Wellen
die ich finde wunderbar

Vielleicht sind es die Blätter
die wehen hin und her
oder ist es der Schnee
der mich fühlen lässt so sehr

Ist es ein Lächeln
das zum Dank mir gereicht
oder sind es die Wiesen
die vom Regen geweicht

Ist es der Vogel
der sich badet im Nass
oder sind es die Kinder
die fragen nach was

Macht dies das Leben
schon lebenswert
oder gibt es noch mehr
was ist begehrt

Warum wurde ich erschaffen
um dies zu sehen
lebe ich hier
um aufrecht zu gehen

Nein, nichts von alldem
lässt mich leben hier
der einzige Grund
der sind „Wir"

*

Kein Wesen der Liebe
konnte erschaffen mich
ich sehe dein grinsendes
hämisches Gesicht

Du bist so grausam
so verdorben, so schlecht
was gab dir nur
dieses grausame Recht

Du hast mich erschaffen
und wusstest genau
was ich hier alles
wirklich nun schau

Du konntest wissen
was ich hier so fand
und doch erschufst du mich
mit deiner Hand

Wie ich dich hasse
du erbarmungsloser Wicht
wenn ich könnte
ich würde dir schlagen ins Gesicht

*

Es gibt kein Paradies
aus dem wir vertrieben sind
so was Kleines, Dummes
glaubt auch nur ein Kind

Du hast wirklich geglaubt
ich falle darauf herein
es könnte dir schon was
Besseres eingefallen sein

Glaubst du wirklich
ich bin so dumm
und nehme mir
irgendetwas krumm

Du wusstest doch genau
dass ich hatte keine Wahl
und doch hast du mich
ausgesetzt dieser Qual

Sag mir doch
wie ich konnte sehen
ohne vorher
an den Baum zu gehen

Ich konnte nicht wissen,
dass es böse, wenn ich ihn nehm`
und konnte auch nicht wissen
dass es gut, ihn nur zu seh`n

Ich konnte nicht wissen
dass es gut, auf dich zu hören
und konnte auch nicht wissen
dass es böse ihn zu begehren

Denn verrate mir mal,
du großer schlauer Mann
wie, solange ich nicht gebissen,
ich das wissen kann?

*

Aus dem Zufall entstanden
warum war ich nur so schnell
ich wünschte jemand anderes
wäre jetzt an meiner Stell`

Durch Zufall die Planeten
standen so in Reih und Glied
ich wünschte jemand anderes
würde singen ihr Lied

Durch Zufall war Neptun
sehr stark bei mir betont
ich wünschte jemand anderes
hätte ihn bewohnt

Diese Sehnsucht sie war
von Anfang an mein Fluch
ich wünschte jemand anderes
hätte gelebt in diesem Buch

Sie hat mich wohl getragen
in dieser rauen Welt
doch ich wünschte jemand anderes
hätte sie bestellt

Denn sie ist in Wirklichkeit
nur eine Laune der Natur
damit sie lässt uns leben
bis zum Ende nur

*

Ein Friede erfüllt
mein großes Herz
wenn ich sehe
dass du ohne Schmerz

Du bist so glücklich
so unbeschwert und frei
ich zeige dir nicht mehr
und lasse es dabei

Du musst nicht mehr gehen
keinen weiteren Schritt
was ich dir zeigen wollte
nehme ich wieder mit

Ich will dich so lassen
in deinem Glück
du musst nicht mehr gehen
kein kleines Stück

Es erfüllt mich mit Liebe
dich so glücklich zu sehen
du musst nicht erwachen
bleib einfach dort stehen

*

Du hast mich gefangen
in deinem Netz
ich zapple und zapple
dass ich es zerfetz

Die Maschen sie sind
so unglaublich stark
das kann ich fühlen
bis ins kleinste Mark

Jeder Versuch zu entkommen
gelingt mir nicht
es ist nirgendwo
ein Loch in Sicht

Bei jedem Versuch
verletz ich mich mehr
es hat keinen Sinn
es schmerzt schon so sehr

Du willst mich haben
nun bitte sehr
ich wünsch dir viel Spaß
bei deinem Verzehr

*

Dein Herz ist so offen
für alles, was da ist
du nimmst alles auf dich
und du fühlst, dass du bist

Du bist so voll Unschuld
so rein und so klar
und du fühlst ganz tief in dir
dass es immer so war

So nimmst du alles
ganz in Liebe an
du weißt es nicht anders
denn was ist denn schon dran

Doch als es geschehen
da fühlst du auf einmal
nichts ist mehr wie vorher
doch du hattest keine Wahl

Du fühlst dich verraten
dir ist kalt und auch schlecht
du kannst nicht verstehen,
dass jemand hatte dieses Recht

Dir wurde was genommen
was das Beste in dir war
nichts bleibt mehr von dir
was rein und was klar

Du fühlst dich schuldig
so als ob du es getan
du hast das Gefühl
dass es alle sahen

Doch eins sag ich dir heute
das weiß ich genau
jeder hätte es getan
drum verzeih dir und trau

*

Mein Einfühlungsvermögen
ist riesengroß
im Fühlen der andern
da bin ich famos

Was kann ich dir helfen
oder geht es dir schlecht
brauchst du dieses
oder ist es dir so recht

Es tut mir so leid
dass ich dir wehgetan
ich mache es nun besser
und fang noch mal an

Ich weiß ich bin Schuld
du bist wunderbar
wie konnte ich es vergessen
was immer so war

Egal, was ich mache
ich bin immer ganz klein
denn so ist es und war es
und wird es immer sein

*

Ich rede mir ein
du gehörst nicht zu mir
ich mache es schlecht
das gemeinsame Wir

Ich mache dich klein
wenn ich kann dich nicht sehen
und versuche dabei
alleine zu gehen

Ich nähre die Zweifel
mit meinem Getue
und doch komme ich dabei
nicht wirklich zur Ruhe

Ich mache das immer
wenn du bist nicht bei mir
denn ansonsten da wäre
ich nicht mehr hier

*

Du warst so hässlich
so böse und gemein
ich hab nicht gewusst
was soll es sein

Dein Neid, deine Wut
deine Gedanken zu mir
ich hab nicht gewusst
was ist mit dir

Sehr lang hat es gedauert
zu erkennen was da
doch jetzt, da wird es mir
auf einmal klar

Es war deine Angst
die du hattest vor mir
vor diesem Licht
das auch in dir

*

Ich bin wieder da
sehr lang war ich fort
du hast mich geschickt
an einen anderen Ort

Du musstest warten
hinter der Tür
das hab ich gespürt
für und für

Ich hab nicht gewusst
ob ich kommen soll
ich hab nicht gewusst
ob du findest es toll

Ich hab es vergessen
in meiner Scham
ich habe gedacht
du bist mir gram

Da sah ich dich sitzen
so ganz allein
da konnte ich sie fühlen
deine bittere Pein

Nichts konnte dich trösten
niemand kam zu dir hin
für dich hatte
nichts einen Sinn

So kam ich wieder
von diesem Ort
durch deine Hilfe
kam ich fort

*

Du hast mir gestoßen
das Messer ins Herz
das ist die Wahrheit
und ist kein Scherz

Jetzt bin ich
wie jeder andere hier
es ist das Letzte
was ich schreib auf Papier

Ich gebe auf
der Schmerz war zu groß
ich gebe mich hin
meinem traurigen Los

Ich hab keine Kraft mehr
mich dagegen zu wehren
ich hab keine Lust mehr
dich noch mal zu ehren

Jetzt kann ich fühlen
wie jeder andere hier
vielen Dank
das war es von mir

*

Wie Phönix aus der Asche
steige ich auf
nun können die Dinge
nehmen ihren Lauf

Was war vor mir
ich weiß es nicht mehr
es ist schon
eine Ewigkeit her

Hat mich etwas betrübt
war es um mich Nacht
jetzt weiß ich es besser
und hätte gelacht

Diese nichtigen Dinge
so winzig und klein
sie haben versucht
dass ich kann nicht sein

Ich habe gespielt
wie ein kleines Kind
nahm Dinge wichtig
die es nicht sind

Was braucht man schon
um glücklich zu sein
alles, was ich habe
das ist mein

*

Ich schreie ganz laut
nun bin ich da
ich schreie so laut
dass sie mich sah

Sie schaut mich an
ihr Schmerz war groß
sie kann nicht fassen
dass ich ihr Los

Sie schaut hindurch
und sieht mich nicht
sie hat erfüllt
nur ihre Pflicht

Ich bin nicht da
die ganze Zeit
ich kann nur fühlen
unendliches Leid

Jeder Versuch
dass sie mich sieht
endet nur
im traurig Lied

So stehe ich da
schreie immerzu
ach, wäre ich still
wäre endlich Ruh

*

Du warst mein Held
mein Morgenstern
ich hatte dich
ganz furchtbar gern

Ich war ganz lieb
dein kleiner Schatz
für dich da war
im Herzen Platz

Ich war genau
wie es dir gefiel
ich hatte Spaß
an diesem Spiel

Doch als ich älter
da war es vorbei
mit dieser kleinen
Liebelei

*

Ich habe keine
Liebe mehr
alles ist so
kalt und leer

Jetzt bin ich
wie ein Mensch genau
ich kann jetzt sehen
in meinem Grau

Ich kann verstehen
der Sünde Last
versteh die Hetze
ohne Rast

Verstehe der Erde
Jammertal
verstehe warum es
hier so fahl

Versteh die Frau
die hat gesucht
den Mann ohne Liebe
dabei verflucht

Versteh den Mann
der liebt das Geld
warum es das Größte
auf der Welt

Warum die Habgier
hier so groß
warum es der Erde
großes Los

Ich kann es verstehen
das kalte Herz
ich kann ihn fühlen
den bitteren Schmerz

*

Ich fühl mich so stark
so groß, so toll
ich habe alles
und bin ganz voll

Nichts kann mich erschüttern
in meiner Bahn
ich bin die Größte
in meinem Wahn

Niemand ist schlauer
als ich allein
ich weiß genau
so muss es sein

Nur ganz selten
falle ich in ein Loch
dann denke ich immer
ich entkomme dir doch

*

Einfach zu handeln
nach dem Sinn
das ist die Freiheit
seit dem Beginn

Nicht mehr zu fragen
ob es gut oder bös
das ist der Anfang
vom Erlös

Nicht mehr zu spüren
dich engt was ein
das ist das Leben
so muss es sein

*

Ich verbanne dich
aus meinem Herzen
hier und heute verdamme ich dich
mit Schmerzen

Niemand soll durchdringen
diesen heiligen Bann
er soll halten in Ewigkeit
nicht bis irgendwann

Ich werde lachen
so wie du über mich gelacht
ich werde sie lieben
diese kalte dunkle Nacht

Nie mehr Gejammer
über das Leid, das ich hier sah
alles ist richtig
und für jeden da

Verschone mich mit Worten
dass die Liebe alleine zählt
ich habe selbst schon
andere damit gequält

*

Ich hab es geschafft
nun bin ich frei
lang hat es gedauert
was vorbei

Ich fühle mich stark
ganz wundervoll
es ist genau so
wie es soll

Fange nun neu
zu leben an
freue mich
dass ich das so kann

Brauche dazu
die ganze Kraft
zu halten was
ich neu geschafft

Bin ganz glücklich
so mit mir
und dann träume ich
von dir

*

Alles ist gut
genau wie es ist
nichts ist verkehrt
wo du jetzt bist

Solang man verändert
der Umstände Not
kann man nicht sehen
dass alles im Lot

Wohin soll man gehen
um Frieden zu sehen
soll man weiter
oder bleibt man stehen

Was muss man erreichen
um glücklich zu sein
ist es dort anders
und finde ich dort mein

Muss man Gesunden
um Frieden zu spüren
kann man nicht krank
auch andere berühren

Ist es wirklich schlecht
der Elend Qual
warum will man weg
wenn man hat die Wahl

Warum verurteilen
der Sünde Not
bist es nicht du
der mich trieb in den Tod

*

Ich komme hierher
doch du erkennst mich nicht
ich komme hierher
mit einem anderen Gesicht

Ich will dir geben
der Liebe so viel
doch für dich ist es nur
ein grausames Spiel

Du kannst nicht erkennen
dass ich bin du
drum lass mich gefälligst
endlich in Ruh

*

Du brennst in der Hölle
doch du willst es so
jeder Schmerz von dir
der macht dich froh

Du denkst du musst leiden
für das, was du getan
nur so kannst du ertragen
deine eigene Scham

So erträgst du geduldig
deine eigene Pein
niemand kann dich erlösen
denn so muss es sein

*

Lass mich leben
genau so wie ich will
sollen die anderen sein
ganz brav und still

Lass mich verändern
der Tugend Not
lass mich treiben
in den sicheren Tod

Hier will ich leiden
wie es mir gefällt
was kümmert mich
die ganze Welt

Ich will sein
so richtig schlecht
damit ich erkenne
dass du im Recht

*

Du musst so stark leiden
unter mir
ich kann nichts machen
es ist in mir

Du bist nur da
das genügt allein
ich wünschte es würde
anders sein

Du bist für mich
ein rotes Tuch
es ist für mich
der größte Fluch

Du zeigst mir
meine Sünde auf
doch das nahmst du
gern in Kauf

Ich sollte dich hassen
doch ich kann es nicht
durch dich bekomme ich
eine andere Sicht

Du öffnest mein Herz
für mich allein
und deshalb werde ich dir
ewig dankbar sein

*

In einer klaren Stunde
da erkannte ich genau
ich wurde zu dem
dem ich nie trau

Ich musste werden
genau so wie du
denn nur so
kam ich zur Ruh

Es war vergeblich
mich dagegen zu wehren
denn nur so
konnte ich dich ehren

Ich wurde zu dem
der alles gemacht
und auch zu dem
der brachte die Nacht

*

Wenn du eines Tages vor mir stehst
und verzweifelt um meine Liebe flehst
dann lass es einfach sein,
denn ich war immer dein

Wenn du versuchst mir deine Liebe zu gestehen
und du hoffst, dass ich kann dann verstehen
dann lass es einfach sein,
denn du warst immer mein

Wenn du kommst zu mir,
dann sei einfach ganz still,
denn in diesem Augenblick, alleine nur ich will,
ganz einfach sein, mit dir

*

Ich ging spazieren
es war ein sonniger Tag
er war genau so
wie ich es mag

Ich kam an einen Fluss
dort war es still
es war genau so
wie ich es will

Die Enten sie schwammen
ganz friedlich als Paar
es war so schön
genau so wie es war

Da sah ich eine Stelle
die passte nicht dazu
sie störte furchtbar
diese himmlische Ruh

Es waren Federn
die lagen im Gras
hier war was passiert
das war kein Spaß

Genau an dieser Stelle
da starb ein Tier
es musste stark leiden
das sah man hier

Es verschandelte die Landschaft
das Leiden war nah
es war nicht schön
was ich da sah

Da flog ein kleiner Spatz
direkt an diesen Ort
nahm sich ein paar Federn
und flog wieder fort

*

Du heilst mich
drum bist du hier
du heilst mich
ganz nah bei mir

Ich heile
in deiner Näh`
ich heile
es tut so weh

Komm näher
mein grausames Licht
komm näher
und schon mich nicht

*

Du bist nicht hier
und bist noch dort
du bist weit weg
und von mir fort

Gar oft gegrämt
hat mich dies oft
und wünschte so
und hab gehofft

So mancher Schmerz
durchfloss mich so
ich war nie glücklich
war nie froh

Doch jetzt am Ende
genau ich spür`
du warst die ganze Zeit
nah bei mir

*

Lass mich kämpfen
wenn du kommst zu mir
lass mich beben
wenn es tief in dir

Wenn das Herze schneller
und der Atem schwer
wenn der Puls rast heftig
und ich kann nicht mehr

Lass es kommen
das süße Glück
kämpfe nicht mehr
halt es nicht zurück

*

Du nahmst mir das Liebste
das Liebste wieso
ich hab dir vertraut
und ich war so froh

Wie konntest du nehmen
das Leben mir
was hab ich getan
im Jetzt und Hier

Du warst ohne Erbarmen
ganz kalt und streng
du schnürtest die Riemen
ums Herze mir eng

Wie ich dich hasste
für diese Tat
ich war am Ende
wusste keinen Rat

Doch du wolltest die Liebe
im Herzen mein
ohne Bedingung
einfach nur sein

*

„Es ist aus“
für immer ausgesprochen
so hatte ich
mit dir gebrochen

So viele Ängste
vor diesem Wort
nie wollte ich wirklich
von dir fort

Nun sitze ich hier
nach einiger Zeit
und bin für die Wahrheit
hier nun bereit

Wie lächerlich doch
meine Ängste waren
so lang ich gewartet
um dies zu erfahren

Ich lache und weine
im selben Moment
es ist so erlösend
wenn die Wahrheit man kennt

Wenn man fühlen kann die Liebe
die immer besteht
die niemand kann trennen
und die niemals vergeht

Lichtvolle Gedanken

Der Moment
Für diesen einen Moment lebe ich.
Für diesen einen Moment, der mich
fühlen lässt, dass ich lebe.
Der alle meine Sinne berührt.
Der mich so leicht macht, als würde ich
schweben.
Der alles in helleres Licht taucht.
Der mich die Melodie hören lässt.
Der die Farben erstrahlen lässt.
Der mir nur noch Schönes zeigt.
Dafür bin ich geboren.
Dafür war ich auf der Jagd.
Dafür habe ich alles überstanden.
Dafür ging ich durch die Hölle.
Ich habe mein Ziel niemals aus den
Augen verloren.
Alle haben über mich gelacht,
über mich Spinner, über mich
Narren.
Niemand verstand mein Risiko.
Niemand verstand meinen freien Fall.
Alle nur bestrebt nach Sicherheit, nach
Kontrolle.
Sie lachten, wie sie lachten.
Mir war es egal.
Wie war mir es egal.
Sie dachten sie leben.

Dummes Leben, armes Leben, graues
Leben, kein Leben.
Und ich ging weiter auf die Jagd.
Wofür sonst lebte ich.
War es sonst ein Leben?
Spötter, Heuchler,
lasst mich ziehen, lasst mich gehen.
Bleibt in eurem Grau, in eurem Tod.
Lacht nur, lacht so laut ihr könnt,
euch wird keiner hören.
Lasst den Narren ziehen, der sucht,
was nicht zu finden.
O ja, ich will suchen, der einzige Sinn.
Einmal nur will ich ihn finden, diesen
Moment.
Auch wenn er nur kurz, nur eine Stunde,
nur einen Tag.
So habe ich doch gelebt in dieser Zeit.
So habe ich doch das erste Mal wirklich
gelebt.

*

Ich bin auserkoren,
um ihn zu sehen.
Ich bin auserkoren,
darf mit ihm gehen.
Darf das Antlitz sehen,
das rein und klar.
Darf es ganz nah spüren,
was wunderbar.
Kann erkennen nun,
das göttliche Du.
Kann sie fühlen jetzt,
die himmlische Ruh`

*

Keine Sonne, hat das Licht je gesehen.
Keine Sterne, können diesem Klar bestehen.
Nicht der Engels Stimmen,
vermögen diesen Ton.
Keines Adlers Schwingen,
fliegen so hoch davon.
Selbst die Blumen, sind vor dir hart und rau.
Verneigen ihre Blüten, in des Morgenstau.
Schämen sich, für ihrer Farben Wahl,
sehen sie, in deines Farben Saal

*

Mein höchstes Selbst, heilig ist dein Name.
Du bist da.
Dein Wille geschieht, in mir und von mir.
Du gibst mir alles und ich genüge dir,
so wie du mir genügst.
Wohin ich auch schaue,
trifft mein Auge nur dich.
Du bist alles, alles für mich

*

Ist erfüllt von seiner Seele Sein.
Bringt dies in seine Stimme ein.
Singt und bildet Melodie.
Ist der Seele Harmonie.
Dringt so tief in mich hinein
und lässt meine Seele sein

*

Gerade eben durfte ich mich neben dich setzen.
Ich habe deine Hand genommen und
meinen Kopf auf deine Schulter gelegt.
Dort saß ich dann, mehr nicht.
Stundenlang, tagelang, jahrelang,
eine Ewigkeit.
Und dann spürte ich es.
Das Wort.
Das Wort, wovon schon
so viele geredet hatten.
Es durchströmte mich,
mein Wesen, meinen Körper,
meine Seele, mein Herz.
Ich wurde zu diesem Wort
und das Wort wurde zu mir.
Jetzt wurde mir zum ersten Mal bewusst,
was ein Wort wirklich bedeuten kann.
Wenn man es selber wird,
und dieses Wort war „Frieden".

*

Ist nicht wichtig, ob du kommst heute Nacht,
sitze hier und hab an dich gedacht.
Weiß, dass Zeit erbärmlich in der Ewigkeit,
sitze hier und bin für dich bereit.
Auch der Raum hat die Bedeutung verloren,
denn ich weiß, ich bin für dich geboren

*

Der Erlöser

Du liebst mich?
Dann komm her.
Was zögerst du?
Ich habe auf dich gewartet.
Du willst nicht?
Warum nicht?
Du sagst, du liebst mich.
Also zögere nicht.
Du schaust so traurig.
Du weißt doch, dass ich dich liebe.
Dein Weg war lang, du gingst ihn langsam?
Was habe ich auf dich gewartet.
Warum die Tränen?
Komm doch her.
Ich hoffe, du hast es mitgebracht,
das, auf welches ich so lange gewartet.
Du weißt, du bist der Einzige,
der es mir geben kann.
Bitte enttäusche mich nicht.
Doch auf dich ist Verlass,
so wie immer Verlass auf dich war.
Ich fange an zu jubeln, als ich sie sehe.
Behutsam holst du die Lanze hervor
und stößt sie mir ins Herz.

*

Nichts ist wichtig

Gerade eben bin ich aufgewacht
und da habe ich mit Erschrecken festgestellt,
dass sich die Erde auch ohne mich
weiterdrehen würde.
Dass mich niemand braucht
und vermissen würde.
Dass, egal was ich auch immer hier mache,
dass es nicht wichtig ist.
Dass es nicht wichtig ist,
wie intelligent ich bin.
Dass es nicht wichtig ist,
ob ich mich sprachlich gut ausdrücken kann.
Dass es nicht wichtig ist,
wenn ich alles weiß.
Dass es nicht wichtig ist,
mit anderen zu reden.
Dass es nicht wichtig ist,
ob ich etwas erfinde.
Dass es nicht wichtig ist,
ob ich Bücher schreibe.
Wäre ich nicht hier und wäre ich nicht geboren,
die Erde würde sich weiterdrehen.
Ein Buch mehr oder weniger.
Eine Erfindung mehr oder weniger.
Vielleicht würde es ein anderer schreiben,
in so einer ähnlichen Form und Art.
Ein anderer würde den Friedensnobelpreis
bekommen.
Ein anderer, eine ähnliche Erfindung machen.

Niemand würde es vermissen.
Es wäre einfach nicht da.
Erschreckend, wenn man aufwacht und feststellt,
dass man einfach nicht wichtig ist.
Dass einen niemand braucht.
Das ganze Universum braucht einen nicht.
Es würde auch ohne einen funktionieren.
Geht man wieder, kräht kein Hahn danach.
Doch dann habe ich an dich gedacht.
Würde es irgendetwas geben,
was mich für dich ersetzen könnte?
Im ganzen Universum?
Und ich wusste, es gibt nichts.
Nichts, im ganzen Universum,
was mich für dich ersetzen könnte.
Du wärest nie glücklich.
Es würde irgendetwas fehlen.

*

Ich weiß, dass du da bist
auch wenn ich dich nicht sehe
ich spüre deine Wärme,
ich spüre deine Nähe

Das Schicksal, das es wollte,
dass ich bin ganz allein,
das konnte nicht verhindern,
dass du wirst mit mir sein

*

Mein Herz willst fesseln du mit Taten,
empfiehlst mir das und willst mir raten.
Willst in Bahn bringen, was nicht geht,
willst kontrollieren, ehe es zu spät

Willst des Wassers Fluss verbieten,
willst es nageln, willst es nieten.
Wirst nicht haben dabei Glück,
denn die Liebe kennt kein Zurück

*

Du weißt, dass ich dich liebe,
auch wenn ich dich nicht sehe,
du konntest es erkennen,
am Klagen und am Wehe

Das Herz du mir zerrissen
und dies tatest du bewusst,
so stürztest du uns beide,
ins Unglück und in Frust

Die Liebe ist geblieben,
auch wenn sie schien weit fort,
doch wirst du erst sie kriegen,
nicht hier an diesem Ort

Die Zeit, sie wird verrinnen,
du hast die Uhr gestellt,
es wird ein Leben dauern,
bis dass der Schmerz zerschellt

*

Ich will, dass du leidest,
genauso wie ich,
ich wünsche dir alle Qualen,
dass es gibt dir einen Stich

Du sollst so tief empfinden,
den gleichen Schmerz verspüren,
nur so bin ich mir sicher,
dass ich werde dich nicht mehr verlieren

*

Bei dir war alles anders,
das wurde mir jetzt klar
im Gegensatz zu früher,
war es nicht mehr wie es war

Die Liebe musste ich verstoßen,
um näher kommen zu dir,
dies war, was wurde erboten,
was verlangt wurde von mir

So ging ich immer weiter
ließ alle Liebe zurück,
dachte ich wäre die Einzige,
die hätte niemals Glück

Ich kämpfte für die Liebe,
für unsere Liebe im Sein,
löste mich von allem,
von allem, das nicht mein

So traf ich dich wieder,
nach schier unendlicher Zeit,
war nun für die Liebe,
wirklich nun bereit

Musste nicht mehr „Lösen",
was früher ward verlangt,
musste nur noch reichen,
dir die ewige Hand

*

Überschütte mich mit Liebe,
pflaster alles von mir zu,
nur so bist du dir sicher,
dass ich gebe immer Ruh`

Verwöhne mich mit allem,
lass keinen Wunsch zurück,
nur so bist du dir sicher,
dass du halten wirst dein Glück

So mache immer weiter,
bis zu jenem Tag,
wo ich werde erkennen,
dass du dich und nicht mich magst

*

Du glaubst, dass ich dich nicht liebe,
weil ich so schrecklich zu dir bin,
doch glaube mir mein Liebling,
das ist nicht der wirkliche Sinn

Ich fühle mich immer bei dir,
auch wenn dies nicht bewusst,
ganz tief in meinem Herzen,
habe ich immer es gewusst

*

Du kannst schreien so laut
und soviel du willst,
glaubst du wirklich,
dass deine Sehnsucht du stillst

Du kommst auf die Welt
und es fehlt dir was,
glaubst du wirklich,
das ist nur zum Spaß

Es wird dir gezeigt
so unendlich viel,
es ist nicht nur
so ein grausames Spiel

Alles hat Sinn
und ist so gewollt,
auch wenn du dir denkst,
dass es nicht dir so sollt

Hör auf zu schreien
und schau endlich hin,
dann wirst du erkennen
den tieferen Sinn

*

Du hast mir weh getan,
als ich war ganz klein,
ich wollte doch nur,
von dir geliebt will sein

Ich spielte alles
mit dir mit
auch wenn mir wehtat
jeder Schritt

So wurde ich größer
und bald gab es dich nicht mehr
doch was du tatest
lag auf mir ganz schwer

Ich sehnte mich nach Liebe
und du hast sie mir gezeigt,
so hol ich sie mir wieder
wenn ich trage sie ganz weit

*

Du hast mich hier angeleint
und ich wusste nicht wieso,
es war einfach schrecklich
und ich war nicht mehr froh

Ich habe gewinselt,
gejault und gebellt,
es war einfach schrecklich,
es zerbrach eine Welt

Ich fühlte mich alleine
und wollte dir hinterher,
doch nach ein paar Augenblicken,
sah ich dich nicht mehr

Alles war fremd,
um mich herum,
die anderen Wesen,
blieben einfach stumm

Ich zog an der Leine
und das mit aller Macht,
mein Hals war schon blutig,
ich war auch nicht sacht

Doch ich musste lernen,
dass du kommst wieder zurück,
es war ein sehr schweres,
ein sehr schweres Meisterstück

*

Du hast das Heiligste,
was es vor Gott und der Welt gibt, geschändet
du hast das Göttlichste,
was in jedem innewohnt, beendet

Du hast den heiligen Bund
der Ehe gebrochen,
du hast alles, was du warst,
jemand anderem versprochen

Du hast getanzt
mit den Engeln des Todes,
du hast gebrochen,
die sieben Siegel des Codes

Du bist hinabgefahren
in den Schlund der Hölle
und hast verlassen
die sprudelnde Quelle

Du hast das deinige Herz
mir gebrochen
und doch warst du
nur mir versprochen

*

Du scheues Rehlein in der Nacht,
hast ständig Angst, wirst umgebracht

Rennst wie ein Wiesel ganz geschwind,
vor eigener Liebe wie der Wind

Nein, niemand ist so schnell wie du,
hast Angst, du wirst erwischt bei Ruh`

*

Ich liebe dich nicht mehr,
hätte nie gedacht, dass ich das schreibe,
ich liebe dich nicht mehr,
hab geglaubt, ich immer bleibe

Ich liebe dich nicht mehr,
dieser Krampf im Bauch ist fort,
ich liebe dich nicht mehr,
dieses Gefühl lebt nicht mehr dort

Ich liebe dich nicht mehr,
das ist alles, was ich sage,
ich liebe dich nicht mehr,
wirst hören von mir, nie mehr eine Klage

*

Kann mit dir sprechen, mit dir reden
nichts trübt mehr meinen Sinn.
Bist so wie jeder andere,
ich nehme dich nicht mehr hin

Kann wieder laufen, wieder gehen,
kein Schritt von mir mehr schwer,
ich dachte dabei wirklich,
wird gehen nimmermehr

Kann wieder lachen, wieder singen,
ich bleibe nicht mehr stehen,
kannst mit den Händen du auch ringen,
ich werde mich wieder drehen

*